I

ARREST DE LA COUR DE PARLEMENT,

Qui maintient la Communauté des Miroitiers, Doreurs sur cuir, Garniffeurs & Enjoliveurs dans le droit & poffeffion de dorer, garnir & enjoliver les ouvrages de leur Profeffion, tant en veau que maroquin de toutes fortes de grandeurs & façons, indépendants de la reliure des Livres, tels entr'autres que Tablettes, Porte-feuilles, Serres, Papiers, & Dos de bois en forme de Livres, de mettre fur lefdits Ouvrages les infcriptions qu'ils jugeront à propos, fait défenfes aux Relieurs de Livres d'entreprendre fur ladite Profeffion de Doreurs fur cuir, & néanmoins permet aux Maîtres des deux Communautés de faire & dorer en concurrence feulement les couvertures d'Almanachs non reliés, fans cependant pouvoir par les Relieurs y ajouter aucunes Glaces.

LOUIS, par la grace de Dieu Roi de France & Navarre, au premier des Huiffier de notre Cour de Parlement & autre Huiffiers, & Sergent Royal fur ce requis favoir faifons. Qu'entre les Jurés en charge de la Communauté des Maîtres Miroitiers de la ville de Paris, appellans de Sentence rendue en la Chambre de police du Châtelet de Paris, le neuf Juillet mil fept cent cinquante-fix, & défendeurs d'une part & les Jurés en charge de la Communauté des Maîtres Relieurs de Livres de la ville & univerfité de Paris, intimés & demandeurs en Requête du 3 Septembre 1757. d'autre part & entre lefdits Jurés en charge de la Communauté des Maîtres Miroitiers, Lune-tiers, Brimblotiers, Doreurs fur Cuir, Garniffeurs, & Enjoliveurs de la ville & fauxbourgs de Paris, demandeurs en Requête du 9 Septembre 1758. d'une part & lefdits Jurés Relieurs, défendeurs d'autre part, & entre lefdits Jurés Relieurs demandeurs en Requête du 12 Décembre 1758. d'une part, & lefdits Jurés Miroitiers défendeurs d'autre part, & entre lefdits Gardes en charge de la Communauté des Maîtres Relieurs Doreurs de Livres à Paris,

A

demandeurs aux fins de l'affignation portée au Châtelet de Paris du 17 Novembre 1758. au fujet de la faifie faite à leur Requête fur Jean-Baptifte Boifmare, par procès-verbal du 17 Novembre 1758. & incidents en dépendants évoqués en notredite Cour par Arrêt du 11 Janvier 1759. & défendeurs d'une part, & Jean-Baptifte Boifmare Marchand Miroitier défendeur & demandeur en Requête donnée au Châtelet de Paris le 29 Décembre audit an 1758. d'autre part, & entre Jofeph Bataille, Jean-Baptifte-Jofeph Deramé, Pierre Lemofnier, & Pierre-Pafcal Mercier Maîtres Relieurs & Doreurs de Livres à Paris, & Gardes en charge de leur Communauté demandeurs en Requête du 20. Juillet 1759. d'une part, & lefdits Jurés Miroitiers défendeurs d'autre part, & entre lefdits Jurés Miroitiers appellans comme prenans le fait & caufe dudit Jean-Baptifte Boifmare, l'un des Maîtres de leur Communauté, de la faifie fur lui faite le 17 Nov. 1758. demandeurs en Requête du 23 Juillet 1759. & défendeurs d'une part, & lefdits Jurés en charge de la Communauté des Maîtres Relieurs, intimés, défendeurs & demandeurs en Requête du 30. dudit mois de Juillet, d'autre part, & entre lefdits Jurés Miroitiers, demandeurs en Requête du 28 du mois de Juillet & défendeurs d'une part, & lefdits Jurés Relieurs défendeurs & demandeurs en Requête du 30 du même mois de Juillet, d'autre, & ledit Boifmare auffi défendeur, d'autre, & entre lefdits Jurés Miroitiers demandeurs en Requête du 10 Décembre 1759. d'une part, & lefdits Jurés Relieurs défendeurs d'autre part, & entre lefdits Jurés Relieurs demandeurs en Requête des 24 Juillet 1759. & 13 Mai 1760. d'une part, & lefdits Jurés en charge des Miroitiers défendeurs, d'autre part & entre la Communauté des Maîtres Relieurs & Doreurs de Livres de la ville & univerfité de Paris, demandeurs en Requête du 19 Juin 1760. d'une part, & lefdits Jurés Miroitiers défendeurs d'autre part. Vu par notredite Cour, la Sentence de la Chambre de police du Châtelet de Paris du 9 Juillet 1756. dont eft appel rendue contradictoirement entre les doyen, Jurés & Gardes en charge de la Communauté des Maîtres Relieurs de Livres à Paris, d'une part & Jean-Baptifte Boifmare, fe difant apprentif de la Communauté des Maîtres Miroitiers à Paris, d'autre, & les nommés Jean-Baptiste Lefebvre, & Marrin Jerat Maîtres Miroitiers & Jurés de leur Communauté, prenants le fait & caufe dudit Boifmare, intervenants encore d'autre, fur les conclufions du Subftitut du Procureur Général du Roi audit Châtelet, par laquelle lefdits Boifmare & Jurés Miroitiers auroient été reçus oppofans à une précédente Sentence du 25 Avril 1755. faifant droit fur ladite oppofition ; il auroit été dit que les ftatuts & reglements de la Communauté des Maîtres Relieurs, feroieut exécutés felon leur forme & teneur, en conféquence la faifie faite à la Requête de ladite Communauté defdits Relieurs de livres fur ledit Boifmare, le 11 Déc. 1754. auroit été déclarée bonne & valable, & cependant par grace fpéciale & fans tirer à conféquence pour l'avenir il auroit été dit que les effets & uftenfiles faifis feroient rendus audit Boifmare, lequel étoit condamné en cinquante livres de dommages intérêts envers ladite Communauté des Maîtres Relieurs, & aux dépens, & ladite Communauté des Maîtres Miroitiers de Paris, auroit été reçue partie intervenante, faifant droit fur leur intervention, défenfes leur auroient été faites d'entreprendre à l'avenir fur la profeffion des Maîtres Relieurs, & faifant droit fur les conclufions du Subftitut du Procureur Général du Roi, il auroit été enjoint à la Communauté des Maîtres Miroitiers de fe conformer à l'avenir à leurs ftatuts & reglements, & pour y être contrevenu lors de la faifie faite fur ledit Boifmare, en autorifant un ouvrier fans qualité à travailler, les Jurés de ladite Communauté des Maîtres Miroitiers, lors en charge auroient été condamnés en leurs propres & privés noms en cinquante livres d'amende envers la Communauté des Maîtres Relieurs & aux dépens de leur intervention : Requête & demande defdits Doyen & Jurés en charge de ladite Communauté des Relieurs du 3 Septembre 1757. à ce que les Jurés de ladite Communauté des Maîtres Miroitiers, fuffent déclarés purement & fimplement non-recevables dans leur appel, ou en tout cas l'appellation fût mife au néant, il fût ordonné que ce dont étoit appel fortiroit fon plein & entier effet, & lefdits Miroitiers fuffent condamnés en l'amende & aux dépens des caufes d'appel & demande. Arrêt du 14 Février 1758. qui fur l'appel a appointé les Parties au Confeil & fur la demande en droit, & joint dépens réfervés ; fommation faite auxdits Jurés Miroitiers de fournir caufes & moyens d'appel ; avertiffement defdits Doyen Jurés & Gardes en charge des Relieurs par Requête du 4 Avril 1758. & leur production par la même Requête ; icelle auffi employée pour fins de non-recevoir. Caufes & moyens d'appel fervant d'avertiffement & de réponfe à fins de non-recevoir defdits Jurés en charge des Miroitiers du 11 Juillet 1758. & leur production par inventaire fignifié le 19 Août fuivant ; reponfe defdits Gardes Relieurs du 12 Décembre 1758. à prétendus caufes & moyens d'appel fervant d'avertiffement & réponfe à fins de non-recevoir ; contredits de production fervant de falvations de caufes d'appel defdits Jurés Miroitiers, du 26 Mai 1759. addition defdits Gardes Relieurs du 11 Juillet 1759. de réponfes à prétendus caufes & moyens d'appel fervant de falvations à contredits de production ; Requête & demande defdits Miroitiers du 9 Septembre 1758. à ce qu'il leur fût donné Acte de leur déclaration, que l'appel par eux interjetté de ladite Sentence du Châtelet de Paris du 9 Juillet 1756. n'étoit qu'aux chefs feulement qui bleffoient ledit Boifmare, en ce que ladite Sentence avoit ordonné l'exécution des ftatuts de la Communauté des Maîtres Relieurs, & en conféquence avoit déclaré bonne & valable la faifie du 11 Décembre 1754. fecondement en ce que par ladite Sentence, la reftitution des effets & uftenfiles, n'avoit été faite audit Boifmare, que par grace fpéciale fans tirer à conféquence pour l'avenir, & l'avoit condamné en 50. livres de dommages intérêts envers la Communauté des Maîtres Relieurs & aux dépens envers eux ; trofiémement en ce qu'en faifant défenfe à la Communauté des Maîtres Miroitiers, d'entreprendre fur la profeffion defdits Relieurs, il avoit été enjoint à ladite Communauté des Miroitiers, de fe conformer à l'avenir à fes ftatuts & reglemens ; quatriémement enfin en ce qu'en difant que les Jurés Miroitiers de 1754. y avoient contrevenu en autorifant à travailler ledit Boifmare, qualifié mal à propos d'ouvrier fans qualité, fur le fondement de cette fuppofition, lefdits Jurés Miroitiers de 1754. avoient été condamnés en leurs propres & privés noms, en cinquante livres d'amende envers la Communauté des Relieurs, & aux dépens de leur intervention, faifant droit fur l'appel des fufdits chefs fans s'arrêter à la Requête defdits Jurés & Gardes Relieurs du 3 Septembre 1757. dans laquelle ils feroient déclarés non-recevables, & en tout cas déboutés, l'appellation & ce dont étoit appel fuffent mis au néant émendant quant auxdits chefs feulement lefdits Boifmare & Jurés en charge de ladite Communauté des Miroitiers de 1754. fuffent déchargés des fufdites condamnations contr'eux perfonnellement prononcées par ladite Sentence, dont étoit appel, ayant égard à l'intervention des Jurés de ladite Communauté des Miroitiers, formée au Châtelet par Requête verbale du 2 Mai 1755. dans la caufe principale, lors pendante en la Chambre de police du Châtelet, entre ladite Communauté des Relieurs, & ledit Boifmare, fur lequel lefdits Relieurs avoient fait faire une faifie le 11 Décembre 1754. lors de laquelle il étoit apprentif & afpirant à la maîtrife de Miroitier & Doreur fur Cuir ; il fût ordonné que les ftatuts de la Communauté des Miroitiers notamment les Articles 12. 13. & 14. feroient exécutés felon leur forme & teneur, en conféquence maintenir & garder ladite Communauté des Miroitiers, chacun de fes Maîtres & notamment ledit Boifmare, dans le droit de garnir dorer & enjoliver toutes fortes de tablettes à écrire & à feuillets de livres, défenfes fuffent faites auxdits Jurés & Gardes Relieurs, & à leur Communauté de les y troubler davantage, en conféquence la faifie faite à la Requête defdits Jurés & Gardes Relieurs, fur ledit Boifmare, ledit jour 11 Décembre 1754. fût déclarée nulle, injurieufe, déraifonnable & attentatoire au droit & aux ftatuts de ladite Communauté des Miroitiers, lefdits Jurés & Gardes de la Communauté des Relieurs, fuffent condamnés en dix mille livres de dommages & intérêts envers lefdits Jurés des Miroitiers & leur Communauté, il fût ordonné que l'Arrêt qui interviendroit en forme de reglement entre lefdites deux Communautés feroit lu, publié , imprimé & affiché par tout où befoin feroit , aux frais & dépens defdits Jurés & Gardes Relieurs , & de leur Communauté , & ils fuffent condamnés en outre en tous les dépens tant des caufes principale que d'appel même en ceux réfervés par l'Arrêt d'appointement du 14 Février 1758. & en ceux de ladite demande , au bas de laquelle Requête auffi employée pour avertiffement & production eft l'Ordonnance de notredite Cour qui a reglé ladite demande en droit & joint & donne Acte de l'emploi : Requête defdits Gardes Relieurs du 12 Décembre 1758. employée en exécution de ladite Ordonnance pour fins de non-recevoir , défenfes , avertiffement & production & tendante à ce que fans s'arrêter ni avoir égard à tout ce qui avoit été dit , écrit & produit , par lefdits Jurés Miroitiers , ni à leur demande dans laquelle ils feroient déclarés non-recevables , ou en tout cas déboutés les fins & conclufions prifes par lefdits Gardes Relieurs de livres leur fuffent adjugées avec dépens , au bas de laquelle Requête eft l'Ordonnance de notredite Cour , qui a donné Acte de l'emploi y porté & réfervé à leur droit fur ladite demande en jugeant. Requête & demande defdits Gardes Relieurs du 12 Décembre 1758. à ce que par l'Arrêt qui interviendroit , fans s'arrêter ni avoir égard à tout ce qui avoit été dit , écrit & produit par les Miroitiers , ni aux nouvelles demandes par eux formées , & dans lefquelles ils feroient déclarés non-recevables , ou en tout cas déboutés l'appellation fût mife au néant , il fût ordonné que ce dont étoit appel fortiroit fon plein & entier effet , les appellans fuffent condamnés en l'amende & aux dépens , & attendu les nouvelles contraventions & entreprifes faites tous les jours , par les Marchands Miroitiers , fur l'état & profeffion des Relieurs , lefdits Marchands Miroitiers fuffent condamnés conjointement & folidairement avec ledit Boifmare en tels dommages intérêts qu'il plairoit à notredite Cour arbitrer , ou que lefdits Relieurs pourroient donner par déclaration & notamment fur la faifie récemment faite à la Requête defdits Relieurs , fur ledit Boifmare pour raifon de laquelle lefdits Relieurs étoient en conteftation au Châtelet , & pour raifon de quoi ils fe réfervoient tous leurs droits & actions, ils fût ordonné que l'Arrêt qui interviendroit seroit lu, publié, imprimé & affiché par tout où besoin seroit, aux dépens de la Communauté des Marchands Miroitiers, au bas de laquelle Requête, aussi employée pour avertissement & production est l'Ordonnance de notredite Cour, qui a reglé ladite demande en droit & joint & donné acte de l'emploi; Sommation faite auxdits Jurés Miroitiers de satisfaire à ladite Ordonnance; Production nouvelle desdits Jurés Relieurs, par Requête du 15 Décembre mil sept cent cinquante-huit, & les contredits contre icelle desdits Jurés Miroitiers du premier Juin mil sept cinquante neuf lesdits contredits servans de fin de non-recevoir contre la demande reglée portée par Requête du 12 Décembre 1758. salvations desdits Jurés Relieurs du 16 Juillet 1759. auxdits contredits de production nouvelle; Procès-verbal de saisie du 17 Novembre 1758. faite à la requête des Jurés Relieurs des marchandises & outils trouvés chez ledit Jean-Baptiste Boismare y énoncés, contenant assignation donnée audit Boismare, à la requête desdits Jurés Relieurs en la Chambre de Police du Châtelet, en validité de ladite saisie, confiscation de la totalité des effets & outils saisis, avec défenses de plus entreprendre sur la Profession des Maîtres Relieurs & Doreurs & en dommages & intérêts pour lad. contravention; Requête verbale dudit Boismare en la Chambre de Police dudit Châtelet de Paris du 29 Décembre 1758. employée pour défenses à la précédente demande desdits Relieurs du 17 Novembre 1758. & tendante à ce que faisant droit au principal, la saisie sur lui faite à la requête desdits Jurés Relieurs ledit jour 17 Novembre 1758. soit déclarée nulle, injurieuse, tortionnaire & déraisonnable, il fût ordonné que la main-levée provisoire d'icelle demeureroit définitive; défenses fussent faites auxdits Jurés Relieurs & Doreurs de Livres d'en faire de semblables sous telles peines qu'il appartiendroit, & pour l'avoir fait ils fussent condamnés en 500 liv. de dommages intérêts envers ledit Boismare, & en tous les dépens, & que le jugement qui interviendroit seroit imprimé, lu, publié & affiché par tout où besoin seroit aux frais desdits Jurés Relieurs & Doreurs de Livres; Arrêt du 11 Janvier 1759. qui a ordonné que sur les-

dites demandes formées au Châtelet, les Parties procéderoient en ladite Cour ; Arrêt du 7 Mars 1759. qui fur lefd.
demandes a appointé les Parties en droit & joint à l'Inftance principale ; Avertiffement defdits Jurés Relieurs du
12 Juillet 1759. fervant de réponfes à la requête de Boifmare & leur production en exécution de l'Arrêt du 7 Mars
1759. par Inventaire fignifié le 16 Juillet fuivant ; Production dudit Jean-Baptifte Boifmare, par Requête du 16 Janvier 1760. en exécution de l'Arrêt du 7 Mars 1759. ladite
Requête auffi employée pour avertiffement & tendante à
ce que les conclufions que ledit Boifmare avoit prifes lui
fuffent adjugées, & lefdits Jurés Relieurs fuffent condamnés aux dépens, même en ceux réfervés par l'Arrêt du 7
Mars 1759. Contredits dudit Boifmare, par Requête du 26
Avril 1760. contre ladite production des Relieurs ; Requête
& demande defdits Gardes Relieurs du 20 Juillet 1759. à
ce que par l'Arrêt qui interviendroit en corrigeant & augmentant aux conclufions qu'ils avoient prifes, fans s'arrêter
à la demande de Boifmare portée au Châtelet du 29 Décembre 1758. & évoquée en notredite Cour, par Arrêt du 11
Janvier 1759. dans laquelle ledit Boifmare feroit déclaré
purement & fimplement non-recevable, ou en tout cas débouté, faifant droit fur celle defdits Relieurs du 17 Novembre 1758. auffi portée au Châtelet de Paris, & également
ment évoquée en notredite Cour par ledit Arrêt du 11 Janvier 1759. attendu la nouvelle contravention commife par
ledit Boifmare, il fût ordonné que tous les effets fur lui faifis, à la requête defdits Relieurs par procès-verbal du 17 Novembre 1758. feroient & demeureroient confifqués au profit defdits Relieurs, à l'effet de quoi les Gardiens & dépofitaires d'iceux feroient condamnés & par corps à les remet-
tre auxdits Relieurs, finon à leur payer la fomme de 6000
liv. pour la valeur d'iceux, qu'en outre il feroit fait défenfes
audit Boifmare de plus à l'avenir entreprendre fur la profeffion des Relieurs, & pour la nouvelle contravention il feroit
condamné en l'amende de 500 liv. & aux dommages & intérêts envers lefdits Relieurs, avec défenfes de récidiver fous
plus grande peine, & en tous les dépens faits, tant au Châtelet

telet qu'en notredite Cour, & que l'Arrêt qui interviendroit
feroit imprimé, lu, publié & affiché, foit aux dépens dudit Boifmare, foit aux dépens de la Communauté des Maîtres Miroitiers, au bas de laquelle Requête, auffi employée
pour avertiffement & production eft l'Ordonnance de notredite Cour qui a reglé ladite demande en droit & joint, &
donné acte de l'emploi; Procès-verbal de faifie du 17 Novembre 1758. dont eft appel, ci-devant vifé; Requête &
demande defdits Jurés de la Communauté des Maîtres Miroitiers, tant en leurs noms, que comme prenant le fait &
caufe dudit Boifmare, l'un des Maîtres de leur Communaû-
té du 23 Juillet 1759. à ce que ladite faifie du 17 Novembre 1758. fût déclarée nulle & de nul effet, main-levée
pure & fimple en fût faite, il fût ordonné, que les chofes faifies feroient rendues audit Boifmare, à ce faire les
Gardiens & dépofitaires contraints par corps, quoi faifant déchargés, défenfes fuffent faites auxdits Jurés Relieurs
de plus à l'avenir troubler lefdits Miroitiers dans l'exercice
de leur art & profeffion de Doreurs fur cuir, garniffeurs &
enjoliveurs, & pour l'avoir fait, ils fuffent condamnés en
500 livres de dommages & intérêts envers ladite Communauté & en tous les dépens; Arrêt du 31 Juillet 1759. qui
fur l'appel a appointé les Parties au Confeil, & fur les demandes en droit & joint à l'Inftance principale, caufes &
moyens d'appel fervant d'avertiffement defdits Jurés Miroitiers du 22 Août 1759. en exécution dudit Arrêt, & production par Requête du 13 Décembre 1759. fins de non-
recevoir defdits Jurés Miroitiers du 15 Septembre 1759.
fervants d'avertiffement & de réponfe aux Ecritures, figni-
fiées le 12 Juillet 1759. en exécution des Arrêts des 7 Mars
& 31 Juillet 1759. Additions defdits Gardes Relieurs du 11
Juin 1760. de réponfe à caufes & moyens d'appel, fervants auffi de réponfe à prétendues caufes & moyens d'appel, fervants d'avertiffement, fignifiés le 22 Août 1759. en
exécution des Arrêts des 14 Février 1758. 7 Mars & 31
Juillet 1759. Requête defdits Jurés Miroitiers du 23 Août
1760. employée pour réponfe aux Ecritures à eux fignifié
de la part des Relieurs les 12 Mai, 9, 10 & Juin 1760.

B

Salvations defdits Jurés Relieurs du 13 Juin 1760. fervant de réponfe à fins de non-recevoir ; Requête de demande defdits Jurés Miroitiers du 28 Juillet 1759. à ce qu'il leur fût donné acte de ce qu'en corrigeant les conclufions prifes par leur Requête du 9 Septembre 1758. ils reftraignoient leur appel de la fentence de Police du Châtelet du 9 Juillet 1756. au chef par lequel il étoit ordonné que les Statuts des Maîtres Relieurs feroient exécutés. ainfi qu'à celui par lequel il étoit fait défenfe aux Miroitiers, Doreurs fur cuir d'entreprendre fur la profeffion des Maîtres Relieurs en ce que les Maîtres Relieurs prétendroient faire réfulter de ces deux chefs de laSentence une interdiction aux MaîtresMiroitiersDoreurs fur cuir, Garniffeurs & Enjoliveurs, du droit de faire dorer, garnir & enjoliver tous & un chacun les ouvrages en cuir, étant de leur profeffion, tels entr'autres que ceux que les Jurés Relieurs ont faifis fur Jean-Baptifte Boifmare, faifant droit audit cas fur lefdits deux chefs de la Sentence du 9 Juillet 1756. enfemble fur l'appel interjetté par lefd. Maîtres Miroitiers de la nouvelle faifie faite par lefdits Jurés Relieurs fur ledit Boifmare le 17 Novembre 1758. duquel ils ont pris le fait & caufe, les appellations & ce dont étoit appel fuffent mis au néant, émendant adjugeant auxdits Miroitiers les conclufions par eux prifes fur l'appel de la nouvelle faifie, la Communauté des Maîtres & Marchands Miroitiers, Doreurs, fur cuir, Garniffeurs & enjoliveurs fût maintenue & gardée dans le droit & poffeffion où ils ont toujours été de faire fabriquer, dorer, garnir & enjoliver de toutes fortes de façons les Ouvrages de leur profeffion, tant en veau tanné que maroquin, tels entr'autres que les écritoires & pupitres à dos de livres, fervant à contenir études, les petites & grandes couvertures auffi à façon de livres, deftinées pour les tablettes à écrire & à feuillets de livres, porte-feuilles, miroirs portatifs & néceffaires, Calendriers ou Almanachs, enfemble les étuits & boëtes auffi à façon de livres, & de dorer lefdites couvertures, étuits & boëtes, foit en plein or à dentelle ou à filets en feuilles d'or & d'argent fins, & icelle garnir en dedans d'étoffes de foie, velours ou autres, avec un gouffet de la même étoffe, d'y incruſter des glaces, & faire tels autres enjolivemens qu'ils jugeront à propos, comme auſſi de couvrir & dorer des ſerres papiers & des dos de bois en façon de livres, ſoit en veau ou maroquin, & d'y mettre en lettres les inſcriptions qui leur ſont commandées, faire généralement tous les autres ouvrages qui ſont indépendans de la Reliure, & à cet effet d'avoir chez eux les outils & uſtenſiles néceſſaires, il fût donné acte auxdits Miroitiers de ce qu'ils n'avoient jamais entendu & n'entendoient point en rien entreprendre ſur l'état & profeſſion des Relieurs de livres, ni faire aucune reliure ni dorure de quelque nature que ce puiſſe être, ſoit de livres imprimés, ſoit de regiſtres de papier blanc & de porte-feuilles, comme auſſi de ce qu'ils n'entendoient point faire aucune reliure d'Almanachs de Colombat, d'Etrennes Mignonnes, d'Extraits de d'Houry, ni empêcher que leſdits Relieurs n'en faſſent la reliure & couverture, quand ceux qui vendent & achettent de ces ſortes d'Almanachs jugent à propos de les faire relier ; en conſéquence défenſes fuſſent faites aux Jurés Relieurs de livres de plus à l'avenir troubler les Maîtres de la Communauté des Miroitiers dans les ſuſdits attributs de leur profeſſion de Doreurs de cuir, garniſſeurs & enjoliveurs, & pour l'avoir fait par la derniere ſaiſie par eux faite ſur ledit Boiſmare, l'un des Maîtres de la Communauté des Miroitiers, ils fuſſent condemnés en tels dommages & intérêts qu'il plairoit à notredite Cour arbitrer, comme auſſi défenſes fuſſent faites auxdits Relieurs de vendre & d'étaler aucune couverture d'Almanachs, porte-feuilles, tablettes & autres ouvrages en cuir autres que ceux faiſant partie & unis à la Reliure des livres, leſdits Relieurs fuſſent condamnés aux dépens des cauſes principale, d'appel & demande, il fût ordonné que l'Arrêt qui interviendroit ſeroit imprimé, publié & affiché au nombre de cinquante exemplaires aux frais deſdits Jurés Relieurs & inſcrits ſur les Regiſtres des deux Communautés ; Requête deſdits Jurés Relieurs du 30 Juillet 1759. employée aux riſque, péril & fortune dudit Boiſmare pour défenſe contre la précédente demande & tendante à ce qu'il leur fût donné acte de ce que les Miroitiers par leur précédente

B ij

Requête du 28 Juillet 1759. restraignoient leur appel de ladite Sentence de la Chambre de Police du Châtelet du 9 Juillet 1756. au chef par lequel il avoit été ordonné que les Statuts de la Communauté de Maîtres Relieurs seroient exécutés, ainsi qu'à celui par lequel il étoit fait défense auxdits Maîtres Miroitiers d'entreprendre sur la profession desdits Maîtres Relieurs, il fût pareillement donné acte auxdits Maîtres Relieurs de la déclaration desdits Miroitiers qu'ils n'avoient jamais entendu, & n'entendoient point entreprendre sur l'état & profession desd. Maîtres Relieurs, ni faire aucune reliure d'Almanachs, Colombats, Etrennes Mignonnes & autres, il fut pareillement donné acte auxdits Maîtres Relieurs de ce que de leur côté, ils n'avoient jamais entendu, & n'entendoient point contrevenir aux Statuts des Maîtres Miroitiers, ni entreprendre sur les ouvrages de leur profession indiqués par lesdits Statuts ; en conséquence, sans s'arrêter aux différentes demandes ci-devant formées par ladite Communauté des Miroitiers, dans lesquelles ils seroient déclarés non recevables ; & dont en tout cas ils seroient déboutés, ils fussent condamnés en tous les dépens faits avant leur désistement ; même en ceux faits & à faire envers & contre toutes les Parties, tant au Châtelet qu'en notredite Cour, & au surplus les conclusions prises précédemment par lesdits Relieurs leur fussent adjugées avec dépens, & sauf à prendre par la suite telles autres fins & conclusions qu'ils aviseroient bon être, & notamment pour distinguer les ouvrages & outils que lesdits Relieurs soutiennent être de leur profession ; Arrêt du 8 Août 1759. qui sur lesdites demandes a appointé les Parties en droit & joint à l'Instance principale dépens réservés ; Production desdits Jurés Miroitiers en exécution dudit Arrêt, par Requête du 13 Décembre 1759. icelle aussi employée pour avertissement & sommation auxdits Jurés Relieurs de satisfaire à cet Arrêt, & suivant icelui d'écrire, produire & contredire dans le temps de l'Ordonnance ; Production nouvelle desdits Jurés Miroitiers, par Requête du 10 Décembre 1759. icelle contenant aussi demande à ce qu'en rectifiant les conclusions qu'ils avoient prises, il leur fût donné acte de ce qu'ils restraignoient leur appel de ladite Sentence de Police du Châtelet du 9 Juillet 1756. au chef par lequel il étoit ordonné que les Statuts des Maîtres Relieurs feroient exécutés ainfi qu'à celui par lequel il étoit fait défenfe auxdits Miroitiers, Doreurs fur cuir d'entreprendre fur la profeffion des Maîtres Relieurs, en ce que les Maîtres Relieurs prétendoient faire réfulter de ces deux chefs de ladite Sentence une interdiction aux Maîtres Miroitiers, Doreurs fur cuir, Garnisfeurs & Enjoliveurs du droit qu'ils ont de faire, dorer, garnir & enjoliver tous & un chacun les ouvrages en cuir étant de leur profeffion, tels entr'autres que ceux que les Jurés Relieurs ont faifis fur Jean-Baptifle Boifmare, faifant droit audit cas fur lefdits deux chefs de ladite Sentence du 9 Juillet 1756. enfemble fur l'appel interjetté par lefdits Maîtres Miroitiers de la nouvelle faifie faite le 17 Novembre 1758. fur ledit Boifmare, l'un des Maîtres de leur Communauté dont ils ont pris le fait & caufe, les appellations & ce dont étoit appel fuffent mis au néant, émendant la nouvelle faifie faite fur led. Boifmare led. jour 17 Novembre 1758. fût déclarée nulle & de nul effet, en conféquence il fût ordonné que la main-levée provifoire qui lui en avoit été faite par ordonnance fur référé rendue par le Lieutenant-général de Police le 21 Novembre 1758. demeureroit définitive, défenfes fuffent faites aux Maîtres Relieurs de plus à l'avenir faire pareilles faifies, ce faifant lefdits Miroitiers fuffent maintenus & gardés dans le droit & poffeffion où ils ont toujours été de faire, fabriquer, dorer, garnir & enjoliver de toutes fortes de façons les ouvrages de leur profeffion, tant en veau tanné qu'en maroquin, tels entr'autres que les petites & grandes couvertures deftinées pour les tablettes à écrire, à feuillets de livres, miroirs portatifs néceffaires, Calendriers ou Almanachs, ou à tels autres ufages qu'il plaît au Public de les employer; enfemble les étuits & boëtes en façon de livres, & de dorer lefdites couvertures, étuits & boëtes, foit en plein or, à dentelle ou à filets, en feuilles d'or & d'argent fin, faire tels autres enjolivemens qu'ils jugeront à propos; comme auffi de couvrir & dorer des ferres papiers & des dos de bois en forme de livres, foit en veau ou maroquin, d'y mettre en lettres les inscriptions qui leur sont commandées, & de faire généralement tous les autres ouvrages qui sont indépendans de la reliure des livres, & à cet effet d'avoir chez eux les uftenfiles néceffaires, il fût donné acte auxdits Jurés Miroitiers de ce qu'ils n'avoient jamais entendu & n'entendoient point entreprendre sur l'état & profeffion de Relieurs de livres, ni faire aucune reliure ni dorure de quelque nature que ce puiffe être, soit de livres imprimés ou manufcrits, soit de regiftres de papier blanc, comme auffi de ce qu'ils n'entendoient point faire aucune reliure d'Almanachs, Colombats, Etrennes Mignognes & Extraits de Dhoury, ni empêcher que lefdits Relieurs n'en faffent la reliure & la couverture, lorfque ceux qui vendent ou qui achetent ces fortes d'Almanachs jugent à propos de les faire relier, en conféquence défenfes fuffent faites aux Jurés Relieurs de livres de plus à l'avenir troubler les Maîtres de la Communauté des Miroitiers dans lefdits attributs de leur profeffion de Doreurs sur cuir, Garniffeurs & Enjoliveurs, & pour l'avoir fait par la derniere faifie par eux faite sur ledit Boifmare, l'un des Maîtres de la Communauté des Jurés Miroitiers, ils fuffent condamnés en tels dommages intérêts qu'il plairoit à notredite Cour arbitrer, comme auffi défenfes fuffent faites audits Relieurs de faire aucunes couvertures, foit de porte-feuilles, foit de tablettes, foit de Calendriers ou Almanachs ou autres ouvrages, en cuir autres que les couvertures qui font partie & qui font unies à la reliure de livres, défenfes leur fuffent pareillement faites de vendre aucunes defdites couvertures féparées de la reliure, ils fuffent condamnés aux dépens des caufes d'appel & demande, il fût ordonné que l'Arrêt qui interviendroit feroit imprimé, publié & affiché au nombre de cinquante exemplaires aux frais & dépens des Jurés Relieurs & infcrit sur les Regiftres des deux Communautés, au bas de laquelle Requête auffi employée pour avertiffement & production eft l'Ordonnance de notredite Cour, qui a reglé ladite demande en droit & joint & donné acte de l'emploi & reçu ladite production nouvelle ; Contredits contre icelle defdits Relieurs du 10 Juin 1760. Requête defdits Gardes en charge de la Communautés des Relieurs du 24 Juillet 1759. em-

ployée en tant que de befoin pour fins de non-recevoir aux
rifques, périls & fortunes dudit Boifmare, contre lefd. appel & demande des Miroitiers portés par leur Requête &
relief d'appel des 18 & 23 Juillet 1759. & contenant demande à ce qu'en y faifant droit, fans s'arrêter à celle des
Miroitiers dudit jour 23 Juillet 1759. dans laquelle ils feroient déclarés non-recevables, ou en tous cas déboutés, ils
fuffent déclarés pareillement, purement & fimplement non-
recevables dans leurdit appel incident de ladite faifie du 17
Novembre 1758. & prife de fait & caufe dudit Boifmare,
& ils fuffent condamnés en la groffe amende de 75 liv. &
où notredite Cour y feroit quelques difficultés, en ce cas
l'appellation fût mife au néant, il fût ordonné que ce dont
étoit appel fortiroit fon plein & entier effet, au furplus les
conclufions prifes par lefdits Relieurs leur fuffent adjugées,
& lefdits Jurés Miroitiers fuffent condamnés en l'amende &
aux dépens des caufes principales d'appel & demandes, autre Requête & demande defdits Jurés Relieurs du 12 Mai
1760. à ce que faifant droit fur l'appel de la Sentence de la
Chambre de Police du Châtelet du 9 Juillet 1756. il fût
donné acte auxdits Relieurs de l'aveu fait par les Miroitiers
par leur Requête du 28 Juillet & par leurs Ecritures du 20
Août 1759. que ledit Boifmare avoit été valablement faifi
par les Relieurs le 11 Décembre 1754. que c'étoit un ouvrier fans qualité, qui n'avoit point le droit de travailler,
que les Jurés de leur Communauté étant prépofés pour veiller & empêcher la contravention, n'auroient point dû autorifer celle de Boifmare ni prendre fon fait & caufe, que par
conféquent c'avoit été avec raifon, que par la Sentence du
9 Juillet 1756. ladite faifie avoit déclarée bonne & valable,
& que Boifmare avoit été condamné en 50 liv. de dommages, intérêts & aux dépens envers la Communauté des Relieurs, que c'avoit été avec raifon que par la même Sentence
il avoit été enjoint aux Jurés Miroitiers de fe conformer à
leurs Statuts & Reglemens, & que pour y être contrevenu
en autorifant un ouvrier fans qualité à travailler, les Jurés lors
en charge avoient été condamnés en leurs propres & privés
noms en cinquante livres d'amende, il fût pareillement donné

acte audits Relieurs de ce que par la même Requête du 28 Juillet 1759. & par les Ecritures du 22 Août suivant par une suite nécessaire des aveux ci-dessus, les Miroitiers avoient déclaré qu'ils restraignoient leur appel de cette Sentence du 9 Juillet 1756. au chef par lequel il avoit été ordonné que les Statuts des Relieurs seroient exécutés & au chef par lequel il avoit été fait défenses aux Miroitiers d'entreprendre sur la profession des Relieurs, il fût pareillement donné acte auxdits Relieurs de la déclaration faite par les Miroitiers, toujours dans lesd. Requête & Ecritures qu'ils n'avoient jamais entendu & n'entendoient point entreprendre sur l'état & profession des Relieurs, ni faire aucune reliure d'Almanachs, Colombats, Etrennes Mignonnes ou autres; en conséquence sans s'arrêter ni avoir égard aux différentes demandes formées par les Miroitiers, dans lesquelles ils seroient déclarés non-recevables, ou en tous cas déboutés, l'appellation fût mise au néant, il fût ordonné que ce dont étoit appel sortiroit son plein & entier effet, lesdits Miroitiers fussent condamnés en l'amende & en tous les dépens faits avant leur désistement, même en ceux faits & à faire envers & contre toutes les Parties, tant au Châtelet qu'en notredite Cour, & faisant droit sur l'appel l'interjetté par ledit Boismare de la saisie sur lui faite par lesdits Relieurs le 17 Novembre 1758. sans s'arrêter ni avoir égard aux demandes dudit Boismare, dans lesquelles il seroit déclaré non -recevable ou dont en tous cas il seroit débouté, l'appellation fût mise au néant, il fût ordonné que ce dont étoit appel sortiroit son plein & entier effet, en conséquence il fût ordonné que les Statuts & Reglemens de la Communauté des Relieurs & Doreurs de livres de la Ville de Paris seroient exécutés selon leur forme & teneur, en conséquence la saisie faite sur ledit Jean-Baptiste Boismare, Marchand Miroitier le 17 Novembre 1758. par les Gardes en charge de ladite Communauté des Relieurs fût déclarée bonne & valable, il fût ordonné que les choses saisies demeureroient acquises & confisquées au profit de la Communauté des Maîtres Relieurs & Doreurs de livres de Paris, ce faisant il fût ordonné que lesdits effets, outils & marchandises dont le nommé Fontaine s'est

rendu

rendu gardien, seroient par lui remis aux Gardes en charge de ladite Communauté pour par eux être transportés en leur Bureau & vendus au profit de la Communauté en la maniere accoutumée à quoi faire ledit Fontaine gardien seroit & demeureroit contraint par toute voie dûe & raisonnable & même par corps, quoi faisant il en demeureroit bien & valablement quitte & déchargé, défenses fussent faites audit Boismare de mettre à l'avenir sur son écriteau Boismare Doreur; il fût ordonné qu'il seroit tenu de mettre ces mots sur ledit écriteau Doreur sur Cuir, défenses fussent pareillement faites audit Boismare & à tous autres Marchands Miroitiers de plus à l'avenir entreprendre sur l'état & profession de Relieur, de faire aucunes relieure & dorure de Livres imprimés ou manuscrits ou papier blanc, de faire ni dorer aucunes couvertures de Livres, d'almanachs, de papier blanc, afut de carton, ni de mettre en caractere d'or ou d'argent, les titres des Livres ou autres caracteres en lettres & sur des faux dos ou boëtes de cartons servans à imiter les Livres dans les Bibliotéques, ni de faire & vendre aucuns ouvrages qui aient trait à la relieure afut de carton, & pour par ledit Boismare y être contrevenu lors de la saisie du 17 Novembre 1758. il fût condamné en 50 liv. d'amende & aux dépens des causes principale d'appel & demande; faisant toujours droit sur l'appel incident interjetté par les Miroitiers de la saisie faite par les Relieurs sur ledit Jean-Baptiste Boismare le 17 Nov. 1758. comme prenants son fait & cause, ils fussent déclarés purement & simplement non-recevables dans leur demande incidente, il fussent condamnés en la grosse amende de 75 liv. & aux dépens, & où notredite Cour y feroit difficulté en ce cas l'appellation fût mise au néant, il fût ordonné que ce dont étoit appel sortiroit son plein & entier effet, ils fussent condamnés en l'amende, en conséquence faisant droit sur les demandes formées par les Parties dans le cours de l'instance, il leur fût donné Acte des déclarations par elles respectivement faites qu'elles n'entendoient point entreprendre sur la profession des uns & des autres, ce faisant il fût ordonné que les statuts des deux Communautés se-

C

roient exécutés selon leur forme & teneur, & que défenses feroient faites aux Miroitiers de plus à l'avenir entreprendre fur l'état & profeffion des Relieurs, & de faire & vendre davantage aucunes reliures de Livres imprimés ou manuf-crits, en papier blanc, ni les portefeuilles en reliure comme auffi de vendre aucunes couvertures de Livres imprimés manufcrits, ou papier blanc, ou almanachs fous quelque prétexte que ce puiffe être ; il fût ordonné que les Miroitiers feroient tenus de fe renfermer dans les ouvrages portés par leurs ftatuts, & dont les futs feroient à façon de Layetier, que défenfes feroient pareillement faites auxdits Miroitiers de plus avoir à l'avenir chez eux des alphabets propres à mettre en caractere de dorure les titres de Livres, que défenfes leur feroient pareillement faites de mettre les titres fur les Livres imprimés manufcrits portefeuilles ou reliure, même fur faux Livres ou boëte de cartons faites en façon de Livres, & repréfentans de faux dos, & pour par eux avoir troublé les Relieurs, dans la jouiffance & poffeffion de leur état, par leur intervention, leur appel incident, leur prife de fait & caufe dudit Boifmare, & autres demandes par eux formées dans le cours de l'inftance ils fuffent condamnés en 3000 liv. de dommages intérêts réfultans dudit trouble, au furplus lefdits Relieurs fuffent maintenus & gardés dans le droit & poffeffion dans laquelle ils ont toujours été de faire feuls la reliure & dorure des Livres imprimés, manufcrits, papier blanc, almanachs de toutes efpéce & de mettre en lettres d'or ou d'argent, les infcriptions fur les faux dos des reliures ou boëtes que l'on met dans les Bibliotéques, comme auffi de faire & dorer les couvertures d'almanachs Royal, Colombats, Extrait de Colombats, Etrennes Mignones, & autres ; défenfes fuffent faites aux Miroitiers de les y troubler & de faire aucunes enboitures, ou autres chofes qui aient trait à la relieure & dorure de Livres, & dans tous les cas ledit Boifmare & la Communauté des Miroitiers fuffent condamnés en tous les dépens tant des caufes principale que d'appel & demande ; il fût ordonné que l'Arrêt qui interviendroit feroit imprimé, lu, publié & affiché aux dépens de la Communauté des Maîtres Miroitiers de Paris , Arrêt du feize Mai mil fept cent foixante , qui fur les demandes a appointé les parties en droit & joint à l'inftance principale dépens réfervés avertiffement defdits Jurés Relieurs , en exécution dudit Arrêt , & leur production par inventaire fignifié le 16 Juin 1760. production defdits Jurés Miroitiers en exécution du même Arrêt par Requête du 16 Août 1760. icelle auffi employée pour avertiffement & leurs contredits contre la fufdite production des Relieurs par Requête dudit jour 26 Août , Requête de ladite Communauté du 19 Juin 1760. employée pour fins de non-recevoir contre la demande des Miroitiers portée par Requête du 10 Décembre 1759. avertiffement & production & tendante à ce qu'en augmentant aux conclufions que lefdits Relieurs , avoient précédemment prifes faifant droit fur l'appel interjetté par Boifmare , & par les Marchands Miroitiers de la Sentence du Lieutenant-Général de Police du Châtelet de Paris le 9 Juillet 1756. il fût donné Acte auxdits Relieurs de l'aveu fait par les Miroitiers par leur Requête du 28 Juillet 1759. par leurs écritures du 22 Août 1759. & par leur Requête du 10 Décembre 1759. que Boifmare avoit été valablement faifi par lefdits Jurés Relieurs le 20 Décembre 1754. que c'étoit un ouvrier qui n'avoit point le droit de travailler que les Jurés de leur Communauté étant prépofés pour veiller & empêcher les contraventions n'avoient point dû autorifer celle de Boifmare, ni prendre fon fait & caufe, que par conféquent c'avoit été avec raifon que par la Sentence du 9 Juillet 1756. ladite faifie avoit été déclarée bonne & valable & que Boifmare avoit été condamné en cinquante livres de dommages intérêts & aux dépens envers la Communauté defdits Relieurs, que c'avoit été auffi avec raifon qu'il avoit été enjoint aux Miroitiers de fe conformer à leurfdits ftatuts & reglements, & pour y être contrevenu en autorifant un ouvrier fans qualité à travailler, les Jurés lors en charge avoient été condamnés en leurs propres & privés noms, en cinquante livres d'amende, il fût pareillement donné Acte auxdits Relieurs de ce que par leurs mêmes Requête & écritures des 28 Juillet, 12 Août, & 10 Décembre 1759. par une suite nécessaire des aveux ci-dessus, les Miroitiers avoient déclaré qu'ils restraignóient leur appel de la Sentence rendue en la Chambre de Police du Châtelet le 9 Juillet 1756. au chef par lequel il avoit été ordonné que les statuts seroient exécutés selon leur forme & teneur, & au chef par lequel il étoit fait dé-fenses aux Miroitiers d'entreprendre sur la profession des-dits Relieurs, il fût pareillement donné Acte auxdits Re-lieurs, de la déclaration faite par les Miroitiers toujours dans les susdites Requête & écritures qu'ils n'avoient ja-mais entendu & n'entendoient point entreprendre sur l'é-tat & profession desdits Relieurs ni faire aucune relieure d'almanachs, Colombat, Etrennes Mignones & autres, en con-séquence sans s'artêter ni avoir égard aux différentes deman-des formées par les Miroitiers & notamment celles des 28 Juillet & 10 Décembre 1759. dans lesquelles ils seroient déclarés purement & simplement non-recevables ou dont en tout cas ils seroient déboutés l'appellation fût mise au néant, il fût ordonné que ce dont étoit appel sortiroit son plein & entier effet, les appellans fussent condam-nés en l'amende & aux dépens faits avant leur désistement même en ceux faits & à faire envers & contre toutes les parties tant au Châtelet qu'en notredite Cour, & faisant droit sur l'appel interjetté par Boismare, de la saisie sur lui faite par lesdits Relieurs le 17 Novembre 1758. sans s'ar-rêter ni avoir égard aux demandes dudit Boismare dans lesquelles il seroit déclaré purement & simplement non-recevable ou dont en tout cas, il seroit débouté l'appel-lation fût mise au néant, il fût ordonné que ce dont étoit appel sortiroit son plein & entier effet, en conséquence il fût ordonné que les statuts & reglements de la Communauté desdits Relieurs, seroient excutés selon leur forme & te-neur, en conséquence la saisie faire sur ledit Jean-Baptiste Boismare Maître Miroitier le 17 Novembre 1758. par les Gardes en charge de ladite Communauté des Relieurs, fût déclarée bonne & valable, il fût ordonné que les cho-ses saisies demeureroient acquises & confisquées au profit

de ladite Communauté des Relieurs, ce faifant, il fût ordonné que lefdits effets outils & marchandifes dont ledit
Fontaine s'eft rendu gardien feroient par lui rendus aux
Gardes en charge de ladite Communauté pour par eux être
tranfportés en leur Bureau & vendus au profit de ladite
Communauté en la maniere accoutumée à quoi faire ledit
Fontaine gardien feroit & demeureroit contraint par toute
voie dûe & raifonnable, même par corps, quoi faifant
il en demeureroit bien & valablement quitte & déchargé,
défenfes fuffent faites à Boifmare de plus à l'avenir mettre
fur fon écriteau Boifmare D'oreur, il fût ordonné qu'il feroit tenu de mettre ces mots fur ledit écriteau Boifmare
Doreur fur Cuir, défenfes fuffent faites pareillement audit Boifmare & à tous autres Marchands Miroitiers de plus
à l'avenir, entreprendre fur l'état & profeffion de Relieur
de faire aucune reliure & dorure de Livres imprimés,
manufcrits ou papier blanc afut de carton, ni de mettre
en caractere d'or ou d'argent, les titres des Livres ou autres caracteres & lettres fur des faux dos ou boëtes de
cartons, fervants à imiter les Livres dans les Bibliotéques,
ni de faire & vendre aucun ouvrage qui ait trait à la Reliure, afut de carton, & pour par ledit Boifmare y être
contrevenu lors de la faifie du 17 Novembre 1758. il fût condamné en 50. liv. d'amende & aux dépens des caufes principale d'appel & demandes, faifant droit pareillement fur l'appel
incidamment interjetté par lefdits Miroitiers de la faifie faite,
fur Jean-Baptifte Boifmare le 17 Nov. 1758. comme prenant
fon fait & caufe, ils fuffent déclarés purement & fimplement non-recevables dans ledit appel & dans leurs demandes incidentes; ils fuffent condamnés en la groffe amende
de 75. liv. & aux dépens, & où notredite Cour y feroit
difficulté en ce cas l'appellation fût mife au néant, il fût
ordonné que ce dont étoit appel fortiroit fon plein & entier effet & les appellans fuffent condamnés en l'amende
& aux dépens en conféquence la faifie du 17 Novembre
1758. fût déclarée bonne & valable & les conclufions qu'ils
avoient ci-deffus prifes à cet égard vis-à-vis Boifmare leur
fuffent adjugées; il fût donné Acte auxdites deux Commu-

nautés des déclarations par elles refpectivement faites, qu'elles n'entendoient point entreprendre fur la profeffion & qualité des uns & des autres, ce faifant, il fût ordonné que lefdits ftatuts des deux Communautés feroient exécutés felon leur forme & teneur, & que défenfes feroient faites aux Miroitiers de plus à l'avenir entreprendre fur l'état & profeffion de Relieur, & de faire & vendre davantage aucunes reliures de Livres imprimés ou manufcrits, ou papier blanc, ni portefeuilles en reliure ; comme aulli de vendre aucunes couvertures de Livres imprimés, manufcrits ou papier blanc, fons quelque prétexte que ce puiffe étre ; il fût ordonné que les Miroitiers feroient tenus de fe renfermer dans les ouvrages portés par leurs ftatuts & dont les futs feroient à façon de Layetier & à dais de papier fin, gros, bon, que défenfes feroient pareillement faites auxdits Miroitiers de plus avoir à l'avenir chez eux des alphabets propres à mettre en caracteres de dorure les titres des Livres ; que défenfes leur feroient faites pareillement de mettre lefdits titres fur les Livres imprimés manufcrits portefeuilles en reliure même fur les faux dos de Livre de carton, faits à façon de Livre & repréfentans de faux dos & pour par eux avoir troublé lefdits Relieurs dans la jouiffance & poffeffion de leur état, par leur intervention, leur prife de fait & caufe de Boifmare & les autres demandes par eux formées dans le cours de l'inftance & notamment par leurs Requêtes des 28 Juil. 10 Décembre 1759. ils fuffent condamnés en 3000. livres de dommages & intérêts réfultans du trouble, au furplus lefdits Relieurs fuffent maintenus & gardés dans le droit & poffeffion dans lefquels ils avoient toujours été de faire feuls la reliure & dorure de Livres imprimés, manufcrits, papier blanc, almanachs de toute efpéce & de mettre les titres d or ou d'argent, les infcriptions fur les faux dos de Livres ou boëtes, que l'on met dans les Bibliotéques ; comme aulli de faire & dorer les couvertures d'almanach Royal, Colombats, extraits de Colombats, Etrennes Mignones, & autres, défenfes fuffent faites aux Miroitiers de les y troubler & de faire aucunes emboitures ou autres chofes qui aient trait à la reliure & dorure de Livres, l'Arrêt à intervenir vis-à-vis de Boifmare, tant fur fon appel de la Sentence du Châtelet du 9 Juillet 1756. circonstances & dépendances, que fur fon appel de la faifie du 17 Novembre 1758. & fes différentes demandes fût déclaré commun avec les Miroitiers, pour être exécuté avec eux felon fa forme & teneur, l'Arrêt à intervenir vis-à-vis des Miroitiers fur leur appel principal incident & fur les différentes demandes principales qu'ils ont formées dans le cours de l'inftance tant en leurs noms perfonnels que comme prenant le fait & caufe de Boifmare, fût pareillement déclaré commun avec ledit Boifmare, pour être exécuté avec lui felon fa forme & teneur, & dans tous les cas ledit Boifmare & la Communauté des Miroitiers, fuffent condamnés en tous les dépens des caufes principale d'appel & demande même en ceux réfervés par les différens Arrêts ; il fût ordonné que l'Arrêt qui interviendroit feroit imprimé, lu, publié & affiché aux dépens de la Communauté des Maîtres Miroitiers de la ville de Paris, au bas de laquelle Requête auffi employée pour avertiffement & production eft l'Ordonnance de notredite Cour qui a reglé ladite demande en droit & joint & donné Acte de l'emploi, deux Requêtes des Jurés Miroitiers du 26 Août 1760. employées en exécution de ladits Ordonnance pour avertiffement, production & contredits de production, production nouvelle defdits Relieurs, par Requête du 20 Juin 1760. fommation faite de la contredire, production nouvelle de Boifmare, par Requête du 23 Août 1760. icelle tendante auffi à ce qu'il fût ordonné que l'Arrêt faute de comparoir obtenu par les Jurés Relieurs qui joint à l'inftance, le profit du prétendu défaut fur l'appel dudit Boifmare de la Sentence du 9 Juillet 1756. feroit rejetté de l'inftance fauf aux Parties à fe pourvoir fur ledit appel ainfi qu'elles aviferoient bon être & les Jurés Relieurs fuffent condamnés aux dépens au furplus les conclufions prifes par ledit Boifmare lui fuffent adjugées, au bas de laquelle Requête eft l'Ordonnance de notredite Cour qui a reçu ladite production nouvelle & réfervé à faire droit fur ladite demande en jugeant, contredits defdits Relieurs par Requête du 26 Août 1760. contre la production nouvelle de Boifmare, portée par fa Requête du 23 du même mois, ladite Requête auffi employée pour défenfes à la demande en jugeant y portée & tendante à ce qu'en expliquant & augmentant aux conclufions prifes par lefdits Relieurs, par leur Requête du 23 dudit mois, tendante à disjoindre l'inftance de défaut dont il s'agit, attendu que ledit Boifmare n'avoit point daté l'Arrêt dans fa prétendue Requête d'oppofition par lui produite par production nouvelle le 23 dudit mois d'Août 1760. ladite oppofition formée par ledit Boifmare par fa Requête du 8 Août 1759. fût déclarée nulle & fans y avoir égard, il fût ordonné que l'Arrêt de notredite Cour du 10 Janvier 1758. qui n'eft point attaqué dans les régles feroit exécuté felon fa forme & teneur, ce faifant les conclufions par eux prifes contre ledit Boifmare dans le cours de l'inftance leur fuffent adjugées, en conféquence l'Arrêt à intervenir fût déclaré commun avec ledit Boifmare, & où notredite Cour feroit la moindre difficulté de déclarer ladite prétendue oppofition & demande de Boifmare du 8 Août 1759. nulle & comme non avenue en ce cas & fubfidiairement feulement, faifant droit fur la Requête & demande en disjonction formée par lefdits Relieurs fuivant leur Requête dudit jour 23 Août 1760. il fût ordonné que l'appel de Boifmare joint par Arrêt de notredite Cour du 10 Janvier 1758. feroit disjoint de l'inftance d'entre les Parties, ce faifant, il fût ordonné que fur icelui les Parties fe pourvoiroient en la Grande Chambre, pour y procéder comme en appel verbal fur l'anticipation donnée audit Boifmare, aux fins des Commiffion & Exploit des 4 & 7 Décembre 1756. jufqu'à Arrêt définitif & dans tous les cas ledit Boifmare fût condamné aux dépens, au bas de laquelle Requête eft l'Ordonnance de notredite Cour qui a donné Acte de l'emploi y porté & réfervé de faire droit fur ladite demande en jugeant; production nouvelle defdits Relieurs par Requête du 23 Août 1760. & les contredits contre icelle des Miroitiers, par Requête du 27. dudit mois, Requête defdits Miroitiers Doreurs fur Cuir, Garniffeurs & Enjóliveurs de la ville de Paris, du 26 Août 1760. à ce qu'il leur fût donné Acte; premierement de ce que

ce

ce n'avoit été que long-temps après l'établissement des Doreurs fur Cuir, Garniffeurs & Enjoliveurs, en corps de
maîtrife & jurande à l'effet de garnir & enjoliver toutes fortes d'ouvrages en Cuir, Maroquin, Veau & autres dont
lefdits Miroitiers avoient produit en l'inftance les différentes
efpéces que les Relieurs avoient de leur part été établis
en corps de maîtrife à l'effet uniquement de relier les
Livres & Regiftres fuivant qu'il leur étoit prefcrit par les
articles deux & trois de leurs ftatuts de l'année 1750. avec
la faculté de dorer uniquement les couvertures & la tran-
che des Livres & Regiftres qu'ils relioient, fecondement
de ce que la reliure & la dorure ne font pour les Relieurs
que des ouvrages de commande, leur étant interdit par leurs
ftatuts de s'entremettre d'aucune vente ou débit au public,
troifiémement de ce que ceux qui avoient le privilége des almanachs donnent ceux qu'ils deftinent pour être reliés, en
feuilles aux Relieurs pour les ployer, battre, coudre & en
faire la reliure, & à l'égard de ceux qui ne font point def-
tinés à être reliés ils fe vendent au public fimplement
coufus par un feul fil dans le milieu rognés, & dorés par
les Libraires, couverts d'une fimple feuille de papier gauffré
ou marbré fuivant le droit qu'en ont lefdits Libraires &
de ce que le public ou les Marchands à qui ils font vendus achetent en même temps les furtouts ou couvertures
de proportions, les uns dorés, d'autres enjolivés par des
compartimens d'autres garnis en dedans d'une petite glace
& d'un gouffet, d'autres enfin doublés de foie & de ve-
ours lefquels furtouts & couvertures, les Doreurs fur Cuir,
Garniffeurs & Enjoliveurs, ont feuls droit de faire, & vendre
aux Marchands ou au Public, & defquels ceux qui les
achetent font au furplus tel ufage que bon leur femble foit
pour fervir de furtout aux almanachs ou pour tous autres
ufages, fans que les furtouts ou couvertures puiffent fervir a
faire aucunes reliures à vrais nerfs telles que les Relieurs
doivent les faire fuivant leurs ftatuts ; quatriémement enfin
de ce que fi les Relieurs étoient autorifés à faire & dorer,
ces fortes de furtouts & couvertures pour les vendre & dé-
biter ce feroit les autorifer à s'entremettre de vente & com-

D

merce contre la teneur expreſſe de leurs ſtatuts, en conſéquence les concluſions priſes par leſdits Miroitiers leur
fuſſent adjugées avec dépens au bas de laquelle Requête
eſt l'Ordonnance de notredite Cour qui a réſervé à faire
droit ſur ladite demande en jugeant. Lettres d'anticipation
obtenues en la Chancellerie du Palais à Paris le quatre Décembre mil ſept cent cinquante - ſix, par leſdits Jurés
Relieurs ſur l'appel interjetté par ledit Boiſmare par Acte
extrajudiciaire du douze Juillet précédent, de Sentence
contradictoire rendue entre les Parties en la Chambre de
police du Châtelet de Paris le 9 dudit mois de Juillet,
Exploit d'aſſignation du 7 Décembre 1756. donné en conſéquence audit Boiſmare, Arrêt du 10 Janvier 1758. obtenu
ſur défaut faute de comparoir par leſdits Relieurs contre
ledit Boiſmare, qui auroit déclaré ledit défaut bien & dûe-
ment obtenu & pour en adjuger le profit l'auroit joint à
l'inſtance principale, Requête deſdits Jurés Relieurs à ce
qu'en adjugeant le profit dudit défaut l'appellation fût miſe
au néant, il fût ordonné que ce dont étoit appel ſortiroit
ſon plein & entier effet ledit Boiſmare fût condamné en
l'amende & aux dépens des cauſes principale d'appel &
demande, & attendu les nouvelles contraventions & entre-
priſes faites par ledit Jean-Baptiſte Boiſmare ſur l'état & pro-
féſſion deſdits Relieurs conſtatés par le nouveau procès-
verbal de ſaiſie ſur lui faite le 17 Novembre 1758. ledit
Boiſmare fût condamné en tels dommages intérêts qu'il plairoit à notredite Cour ou que leſdits Jurés Relieurs pourroient donner par déclaration & ſous les réſerves que fai-
ſoient leſdits Jurés Relieurs de ſuivre au Châtelet ou en
notredite Cour l'effet de ladite ſaiſie, il fût ordonné que
l'Arrêt qui interviendroit ſeroit imprimé, publié & affiché
par tout où beſoin ſeroit aux dépens dudit Boiſmare & de
ladite Communauté des Miroitiers, au bas de laquelle Requête eſt l'Ordonnance de notredite Cour qui a réſervé à
faire droit ſur ladite demande en jugeant. Requête deſdits
Jurés Relieurs du 23 Août 1760. à ce qu'il fût ordonné
que l'inſtance du défaut jointe à l'inſtance principale par
Arrêt de notredite Cour du 10 Janvier 1758. & autre de-

mande formée fur le profit dudit défaut rélativement audit appel particulierement interjetté par ledit Boifmare le 12 Juillet 1756. & relevé aux fins de l'Exploit du 7 Décembre 1756. feroient disjointes de ladite inftance principale pour être inftruites & jugées féparement de l'appel interjetté par la Communauté des Miroitiers, de la Sentence de la Chambre de police du 9 Juillet 1756. & féparement des demandes formées à l'occafion de la feconde faifie faite fur ledit Boifmare, au bas de laquelle Requête eft l'Ordonnance de notredite Cour qui a réfervé à faire droit fur ladite demande en jugeant, Requête de Boifmare du 27 Août 1760. employée pour défenfes à ladite demande en jugeant, fommation générale de fatisfaire aux Réglemens de l'inftance conclufions du Procureur-Général du Roi, tout joint & confidéré.

NOTREDITTE COUR a disjoint de l'inftance l'appel interjetté par Jean-Baptifte Boifmare de la Sentence de police du Châtelet de Paris du 9 Juillet 1756. qui y avoit été joint par Arrêt, fur défaut faute de comparoir du 10 Janvier 1758. enfemble les demandes rélatives audit appel, entre les Jurés & Communauté des Relieurs de Livres, & ledit Boifmare, fur lefquels les Parties procéderont en notredite Cour fuivant les derniers errements; & faifant droit fur le furplus de l'inftance, donne Acte aux Jurés & Communauté des Maîtres Miroitiers Doreurs fur Cuir, de leurs déclarations portées par Requêtes des 28 Juillet & 10 Décembre 1759. qu'ils reftraignent leur appel de ladite Sentence du 9 Juillet 1756. aux deux chefs feulement par lefquels en ordonnant l'exécution des ftatuts de la Communauté des Relieurs de Livres, il eft fait défenfes aux Maîtres Miroitiers Doreurs fur Cuir, d'entreprendre à l'avenir fur la profeffion defdits Maîtres Relieurs, en ce que de ces deux chefs, lefdits Maîtres Relieurs prétendoient s'en prévaloir pour foutenir la nouvelle faifie par eux faite fur ledit Boifmare le 17 Novembre 1758. & en faire réfulter une interdiction auxdits Maîtres Miroitiers Doreurs fur Cuir de faire les ouvrages de leur profeffion, & de fe fervir des outils compris dans cette nouvelle faifie; comme auffi donne Acte aux Jurés defdites deux Communautés de leurs déclarations refpectivement faites en l'inftance qu'ils n'ont jamais entendu ni n'entendent point entreprendre fur l'état & profeffion des uns & des autres, en conféquence fur les appels interjettés par lefdits Jurés & Communauté des Maîtres Miroitiers Doreurs fur Cuir, tant de ladite Sentence du 9 Juillet 1756. quant aux fufdits deux chefs que de ladite faifie du 17 Novembre 1758. à mis & met les appellations & ce dont a été appellé au néant, émendant ayant aucunement égard à la demande dudit Boifmare formée au Châtelet de Paris le 29 Décembre 1758. fur laquelle circonftances & dépendances, il a été ordonné par Arrêt du 11 Janvier 1759. que les Parties procéderoient en notredite Cour, fait main-levée pure & fimple audit Boifmare, de ladite faifie, ordonne que les chofes faifies lui feront rendues & reftituées, fi fait n'a été, à ce faire tous gardiens & dépofitaires contraints par corps, quoi faifant déchargés, ladite Sentence du 9 Juillet 1756. quant aux autres difpofitions, ou réfidu fortiffant fon plein & entier effet ; ordonne que les ftatuts des Maîtres Miroitiers du mois d'Août 1581. les Lettres Patentes portant confirmation d'iceux du mois de Décembre 1611. régiftrées en notredite Cour le 17 du même mois, autres ftatuts des Maîtres Doreurs fur Cuir, Garniffeurs & Enjoliveurs, du mois de Décembre 1594. regiftrés en notredite Cour le 16 du même mois, notamment les Articles 12. 13. & 14. defdits ftatuts du mois de Décembre 1594. enfemble les ftatuts des Maîtres Relieurs & Doreurs de Livres du 14 Février 1750. regiftrés en notredite Cour, le 4 Septembre fuivant, notamment les Articles 2. & 3. defdits ftatuts feront exécutés felon leur forme & teneur, ce faifant maintient & garde lefdits Maîtres Miroitiers Doreurs fur Cuir, Garniffeurs & Enjoliveurs, dans le droit & poffeffion de fabriquer, dorer garnir & enjoliver les ouvrages de leur profeffion tant en Veau que Maroquin de toutes fortes de grandeurs, & façons & tous autres ouvrages indépendans de la reliure des Livres, tels entr'autres que les écritoires à pupitre fervans à contenir études, les petites & grandes couvertures deſtinées pour les tablettes à écrire, porte-feuilles à rebras, ſerres papiers, dos de bois, miroirs, étuits, boëtes & néceſſaires, & icelles couvertures garnir en dedans d'étoffes de ſoie, velours, & autres étoffes, d'y incruſter des petites glaces & y faire tels autres enjolivemens & compartimens qu'ils jugeront à propos, & tels que le Public leur commandera, comme auſſi de mettre ſur leſdits ouvrages les inſcriptions qui leur ſeront demandées ou qu'ils jugeront convenables à chacun d'iceux, & à cet effet ſe ſervir des lettres & caracteres néceſſaires ainſi que des outils propres auxdits ouvrages ; maintient & garde pareillement les Maîtres Relieurs & Doreurs de Livres, dans le droit & poſſeſſion de relier les Livres imprimés, manuſcrits, regiſtres, porte-feuilles & autres ouvrages de leur état & profeſſion de Relieurs, d'y faire telles dorures & inſcriptions qui leur ſeront commandées & ſe ſervir de leurs outils, & caracteres ordinaires, pour la façon & perfection deſdits ouvrages, le tout conformément à leurs ſtatuts, & notamment aux Articles 2. & 3. d'iceux, fait défenſes reſpectives aux Maîtres deſdites deux Communautés d'entreprendre chacun en ce qui les concerne ſur les ouvrages de leurs profeſſions ; pourront néanmoins les Maîtres deſdites deux Communautés, faire & dorer par concurrence les couvertures des Colombats, Etrennes Mignones, & autres Almanachs, ſans que ſous quelque prétexte que ce puiſſe être leſdits Maîtres Miroitiers Doreurs ſur Cuir, Garniſſeurs & Enjoliveurs, puiſſent relier vendre & acheter, ni avoir chez eux, ſi ce n'eſt pour leur uſage particulier aucuns Almanachs, Etrennes Mignones, ni autres imprimés ou non imprimés, liés, attachés ou ſéparés deſdites couvertures & ſans que leſdits Maîtres Relieurs Doreurs de Livres, de leur part puiſſent incruſter dans leſdites couvertures aucunes glaces ; ſur les dommages intérêts enſemble ſur le ſurplus des autres demandes, fins & concluſions met les Parties hors de Cour & de procès, condamne leſdits Jurés & Communauté des Maîtres Relieurs Doreurs de Livres, en un quart de tous les dépens de l'inſtance envers leſdits Jurés & Communauté des Maîtres Miroitiers Doreurs ſur Cuir, les trois autres quarts compenfés ceux faits entre ledit Boifmare, & lefdits Jurés & Communauté des Maîtres Relieurs réfervés , ordonne que le préfent Arrêt fera imprimé, lu publié & affiché , jufqu'à concurrence de quarante Exemplaires, & tranfcrit fur les Regiftres defdites deux Communautés favoir les trois quarts aux frais & dépens de la Communauté des Relieurs Doreurs de Livres , & l'autre quart aux frais & dépens de la Communauté des Miroitiers Doreurs fur Cuir, te mandons mettre le préfent Arrêt à exécution felon fa forme & teneur de ce faire te donnons plein & entier pouvoir, fait en Parlement le 27 Août, l'an de grace 1760. & de notre Regne le quarante-cinquiéme. Collationné, VENANT.

Par la Chambre, DUFRANC.

Jean-Baptifte-Nicolas Marie , Chriftophe Tallard, Jean-Nicolas Beron, & Pierre-Rabel de Corneville, Jurés en charge de la Communauté des Miroitiers Doreurs fur Cuir.

M$_e$. CLEMENTDERIS, Procureur de la Communauté.

De l'Imprimerie de GISSEY , rue de la vieille Bouclerie , à l'Arbre de Jeffé.

www.ingramcontent.com/pod-product-compliance
Lightning Source LLC
LaVergne TN
LVHW050327030726
842520LV00005B/1808